AF242587

DU
RÉGIME COLONIAL

ET DE SON INFLUENCE

SUR

LE COMMERCE, L'INDUSTRIE
ET LA MARINE DE FRANCE,

SUIVI

D'une Lettre publiée avant la présentation du projet de loi
sur les primes à l'exportation des sucres.

PAR J. CHAUDRON JUNOT,

EX-COURTIER DE COMMERCE PRÈS LA BOURSE DE PARIS.

Les Gouvernemens comme les individus, occasionnent
plus de maux par leurs erreurs que par leurs passions, et
une fausse direction donnée à l'industrie est plus fatale
que la haine de la liberté et l'égoïsme des hommes chargés
de l'administration publique.

(MAC CULLOCH. *Ep.*)

A PARIS,

A LA LIBRAIRIE DU COMMERCE, RUE SAINTE-ANNE, 71;

ET CHEZ PAULIN, PLACE DE LA BOURSE;

DELAUNAY, PALAIS-ROYAL.

MAI 1833.

TABLE DES MATIÈRES.

INTRODUCTION.

Une brochure a paru, l'an dernier, sous le titre de *Mémoire sur le commerce colonial et maritime*, extraite des annales maritimes. Elle a fait sur le public une sensation qu'il importe de détruire, parce que les principes qu'elle émet sont, pour la plupart, de véritables hérésies en économie politique, et que soutenus par des argumens spécieux, ils peuvent laisser dans l'esprit des hommes, appelés aujourd'hui à discuter et à modifier nos lois commerciales, une impression dont les conséquences deviendraient fatales à notre industrie.

J'ai pensé qu'au moment où l'on discute aux Chambres les lois sur le régime colonial, sur les tarifs et sur les primes, il ne fallait pas hésiter à réfuter ce mémoire, et démontrer ce que l'application des théories qu'il expose, a depuis long-temps fait perdre au commerce de France, dans ses rapports tant avec l'étranger qu'avec nos colonies.

Je commence par déclarer que je suis loin de demander l'abandon de nos colonies; je crois devoir faire ici cette déclaration formelle, car j'ai remarqué que tous les hommes qui ont réclamé des améliorations dans leur régime, et plus d'indépendance dans leurs relations, ont été injustement accusés d'en demander le sacrifice; je m'inscris d'avance contre toute interprétation semblable, qui n'est point conforme à ma pensée; je sais apprécier toute l'importance qu'il y a pour nous à les conserver, mais j'espère prouver que nos rapports actuels ne présentent pas d'avantages, et que pour leur donner tout le mérite dont ils sont susceptibles, il y a nécessité urgente à modifier notre législation coloniale et nos tarifs, à supprimer ces priviléges ruineux pour elles comme pour nous, et à les placer vis-à-vis de la métropole dans une situation plus in-dépendante.

Les débouchés qu'elles nous offrent s'ac-croîtront de toutes les affaires qui naîtront pour elles de la mutualité de leurs relations avec les pays qui les avoisinent, et qui se résument aujourd'hui, à notre détriment, en un commerce de contrebande.

J'ai pensé que le meilleur moyen de dé-montrer ce que l'état de choses actuel a de funeste pour notre commerce et notre mari-ne, était de présenter dans un cadre étroit les faits matériels qui ressortent du mouve-ment commercial des années 1829, 1830 et 1831. J'ai puisé mes chiffres dans les états officiels publiés par l'administration ; leur exposition n'a pas besoin de longs commen-taires.

Je regrette que la publication tardive des états officiels de 1832 m'ait empêché de prendre quelques exemples sur le mouvement de cette année, mais les faits résultant des trois années antérieures suffisent, et je m'estimerai fort heureux si j'ai pu dans ce travail appeler l'attention des hommes chargés de diriger notre industrie, et provoquer des modifications que je regarde comme vitales pour la métropole et pour les colonies elles-mêmes.

DU
RÉGIME COLONIAL.

CHAPITRE PREMIER.

DU COMMERCE GÉNÉRAL.

Le but de cet écrit n'est pas de faire l'historique du commerce général ; je n'en parlerai que pour démontrer combien sont erronées les maximes professées dans la brochure à laquelle je réponds.

Selon l'auteur, le pays seul qui unit la faculté d'une grande production à celle d'une grande consommation, peut prétendre à un commerce important. Ceci pourrait peut-être s'appliquer au commerce intérieur, mais non pas au commerce extérieur, qui est indépendant de ces deux conditions, et auquel cependant les nations sont redevables des succès les plus remarquables qu'elles aient obtenus.

Ainsi, la *Chine*, malgré son excessive population et une consommation intérieure immense, est obligée de consacrer tous les ans des sommes énormes à des entreprises agricoles qui ne la mettent pas à l'abri des disettes auxquelles elle est condamnée souvent, et n'augmentent pas sa puissance au dehors; tandis que *Venise*, qui n'a qu'une faible population, et par conséquent une production et des consommations très-bornées, a été, pendant près de quatorze siècles, maîtresse du commerce du monde, et a acquis par là assez de force et de puissance pour faire respecter sa nationalité pendant toute cette longue période. Livourne et Hambourg sont encore aujourd'hui le théâtre d'un grand commerce, et cependant Livourne et Hambourg n'ont pas de production et n'ont qu'une faible comsommation. On ne peut donc pas admettre comme une théorie universelle, que le commerce se résume exclusivement dans la faculté de beaucoup produire unie à la faculté de consommer beaucoup, puisque nous trouvons une foule d'exemples d'un commerce considérable fait par des nations qui n'étaient pas dans ces deux conditions.

Ce qui prouve le mieux le peu de fondement

d'une pareille allégation, c'est qui si l'on établit de grands moyens de communication dans des provinces qui en ont été long-temps privées, leur commerce s'accroît par les réexpéditions dans une proportion de beaucoup supérieure à leur production et à leur consommation. Aussi doit-on encourager les populations à travailler plus et à travailler mieux, autrement que par des péroraisons, et le devoir le plus impérieux d'un gouvernement est-il de leur en faciliter les moyens.

L'auteur du mémoire n'adresserait pas aujourd'hui, à 15 ou 18 millions de Français, le reproche de vivre de sarrasin et de châtaignes, d'être pour la plupart sans vêtemens et sans souliers, logés dans des huttes de boue, si le gouvernement eût fait établir des routes et des canaux par lesquels ils pourraient trouver le débouché de leurs produits, et accroître leur bien-être; quoiqu'on dise, c'est à lui à commencer; le commerce profite des voies, il les crée même lorsqu'il le peut; mais il y a des entreprises qui sont au-dessus des ressources des particuliers, et dont le gouvernement s'est réservé la création; il est donc coupable s'il n'en prend pas l'initiative dans des provinces où une population nombreuse est condamnée à une misère perpétuelle, faute de communications qui pourraient la mettre en relation avec le reste du pays, et lui fournir le moyen de vendre ses récoltes avec plus d'avantages.

Y a-t-il du reste un exemple que la population des lieux riverains d'un fleuve ou d'un canal, soit restée dans une position aussi misérable que la population de l'intérieur des provinces privées des grandes voies de communication? Non, certes, et les habitations comme les vêtemens des habitans y respirent une aisance qui ne se remarque pas chez les autres; avec l'aisance, les consommations de toutes choses sont plus considérables et la nation plus riche.

Ce ne sont pas là de vaines théories, c'est l'histoire de tous les jours et de tous les pays.

En effet, l'Amérique du nord eût-elle atteint le degré auquel son commerce est parvenu, sans la création de ses canaux et de ses chemins de fer qui la sillonnent en tous sens; et l'Angleterre aurait-elle vu, sans la création de ses canaux et de ses chemins de fer, les progrès gigantesques de ses forges, et la production du fer portée, en 74 ans, de 22,000 à 700,000 tonneaux par année; richesse immense, puisque, sauf une exportation annuelle de 90 à 100,000 tonneaux, tout est consommé chez elle ou employé à la fabrication des ouvrages dont elle inonde tous les marchés de l'univers? Sans ses canaux et ses chemins de fer, l'Angleterre, dis-je, aurait-elle vu, malgré sa richesse houillère considérable, l'extraction du charbon de terre s'élever, en 1828, à 15,580,000 tonneaux, qui, par leur mouvement direct, ont occupé, d'après les calculs de M. Taylor, une population de plus du 160,000 individus?

Il est donc évident que l'aisance individuelle ne peut trouver sa source que dans la plus grande facilité possible des transactions, et dans la création des grandes voies de communication, qui seules peuvent accroître la faculté de produire et la faculté de consommer.

Qu'on facilite au commerce et à l'industrie le moyen de se frayer les voies les plus libres, et l'on se convaincra bientôt de tout le mal que les obstacles mis au développement de ce principe ont occasionné ; les restrictions comme les protections atteignent toujours un but opposé à celui que l'on veut obtenir. Le commerce veut la liberté ; un grand commerce n'est qu'à ce prix. C'est là que sont les véritables moyens de progrès pour l'industrie ; et le pays auquel on les applique, voit la richesse publique s'élever plus rapidement que par la création d'industries qui ne lui sont pas propres.

Chaque partie de la terre a ses ressources particulières, et importer dans l'une des cultures ou des industries qui sont le propre des autres, pour les soutenir ensuite à grands frais, ce n'est pas en accroître la richesse, c'est au contraire la réduire, puisque l'inconvénient qui résulte de cette protection est de faire payer plus cher, à la consommation, des produits de qualité inférieure, et de causer un déplacement de capitaux, qui, sans la création onéreuse de ces industries, n'en auraient pas moins trouvé à être employés d'une manière fructueuse ; tandis que ceux qui sont consacrés à la création de toutes les grandes voies de communication, augmentent naturellement la fortune publique de toute la hausse de prix qui en résulte sur les différens produits dont ils facilitent le transport, et qui étaient hors de la circulation.

Pour prouver que le commerce colonial est plus favorable que le commerce de concurrence, l'auteur du Mémoire, après avoir fait le dénombrement des colons que la France possède, et de ceux qui sont à différens titres sujets de la Grande-Bretagne, dit que le commerce colonial de France a employé le tiers de nos navires, et que l'Angleterre emploie, dans le sien, un nombre égal à ceux occupés à son commerce avec le reste du monde. Mais cet argument présenté ici en faveur du privilége colonial, est contraire au parti que l'on en voudrait tirer, car lorsque les 115 millions de colons anglais ne consomment des produits de la métropole que pour 2 fr. 25 c., les 11 millions d'habitans indépendans des États-Unis en consomment pour 40 fr. par individu.

La France est dans la même situation, car les colonies peuplées de 465,000 *colons* ne reçoivent par an que 40 millions de nos marchandises environ, et les États-Unis, ouverts à toutes les concurrences, en reçoivent pour 134 millions.

D'un autre côté, lorsque dans nos exportations à nos colonies, les produits manufacturés ne figurent que pour 60 p. 100, ils entrent pour 90 p. 100 dans ce que nous envoyons aux États-Unis.

Cette appréciation du commerce, par tête d'individu, est donc une théorie qui ne repose sur rien de fondé, et qui prouve d'autant moins que, lorsque l'Angleterre n'a envoyé à ses 112 *millions* de colons d'Asie que pour 31,506,200 francs de marchandises en 1829, elle en a envoyé à 1,900,000 colons d'Amérique pour 170 millions, et à 110,000 colons d'Europe pour 40,084,500 francs ; ainsi, lorsque pour les premiers la part est de 28 centimes, elle est pour les seconds de 90 fr. par tête, et pour les derniers de 370 fr., dont la plus grande partie sert d'aliment à la contrebande, que le système pour lequel on plaide entretient chez nous.

Il est donc clair que ce dénombrement des habitans du globe, et le calcul de la part relative que chaque fraction prend au commerce extérieur, sont loin de prouver la bonté des priviléges en fait de commerce et d'industries. Il en est du tout comme de ses parties, et ne voyons-nous pas en France une ville, qui comptáit à peine il y a cinquante années, exploiter un commerce immense, et faire tous les ans quelques centaines de millions d'affaires sur les soies, que cependant elle ne produit pas, tandis qu'un grand nombre des puits du charbon qu'elle produit, ne sont pas exploités? Je le demande, si les voies de communications étaient moins onéreuses à l'intérieur, qui l'empêcherait de conduire de front ces deux industries ?

Les mauvaises lois de douane sont, pour le commerce extérieur, ce que les mauvaises routes sont pour le commerce intérieur; elles arrêtent les communications régulières. Il est donc indispensable que la législation soit chaque jour coordonnée avec la marche progressive de l'industrie, et se trouve constamment en harmonie avec les développemens qu'elle reçoit; car chaque jour, l'économie publique fait des progrès qui provoquent des modifica-

tions nouvelles. Les erreurs, malgré la résis-
tance des défenseurs qu'elles trouvent encore,
font place aux vrais principes, et les choses
en sont aujourd'hui à ce point, que la lutte la
plus opiniâtre que le commerce ait à soutenir,
est celle qui est établie contre une législation
surannée, fondée sur des préjugés et de fausses
notions ; pourtant les saines doctrines gagnent
du terrain ; il y a déjà bien des maximes capi-
tales qui sont devenues populaires , et que l'on
ne remettra plus en question. Ainsi l'on est
généralement d'accord sur les avantages de la
liberté du commerce ; l'on reconnaît que les
nations sont intéressées à favoriser tout ce
qui tend à augmenter la circulation des capitaux, et l'emploi de la main-d'œuvre. Le luxe
et les besoins factices sont choses contre lesquelles on ne déclame plus.

Malgré cela, les partisans du système de
restrictions n'abandonnent le terrain que pied
à pied, et renoncent difficilement à des idées
dont les conséquences ont eu sur notre industrie des résultats si funestes.

L'administration en France est encore sous
l'influence de ces principes, et tout en recon-

naissant que le sucre est un objet de consommation nécessaire, elle prétend encore qu'il est un objet de luxe, et partant éminemment imposable. Elle ne veut pas comprendre que cette exagération de l'impôt est précisément la cause de l'infériorité du produit.

Mais à ce compte, tout est objet de luxe, selon la position du consommateur. Le pain est un objet de luxe pour celui qui n'a que des pommes de terre et des châtaignes pour tout aliment ; le vin est un objet de luxe pour celui qui ne boit que de l'eau, et il y a du luxe à avoir des souliers pour celui qui ne peut acheter que des sabots : c'est ainsi qu'on arrive aux conséquences les plus tristes, pour vouloir nier un fait qui n'est pas contestable.

C'est que toutes les fois que l'on rapproche le prix d'un objet des facultés pécuniaires d'un plus grand nombre de consommateurs, l'on diminue d'autant le nombre de ceux pour lesquels il était, par son prix, un objet de luxe, et l'on en augmente la consommation dans une progression énorme, puisque plus ce prix s'abaisse, plus la quantité d'individus qui peuvent le payer est proportionnellement considérable.

En effet, le commerce agit sur tout ce qui se produit et se consomme; ce serait mal en comprendre le mouvement que d'apporter des restrictions sur les objets qui ne sont pas, à proprement parler, de consommation rigoureuse; en repoussant, par des tarifs exagérés, un objet que l'on est convenu d'appeler de luxe, on empêche l'exportation de produits nationaux pour une somme égale à celle qui eût eu lieu sans les tarifs, et l'on provoque des représailles fatales : car peut-on espérer des acheteurs pour ses produits, si l'on refuse d'être acheteur de ceux des nations auxquelles on les offre?

Ainsi nos fabriques et notre marine n'auraient-elles pas beaucoup à perdre, si les États-Unis, appliquant de tels principes, frappaient d'un droit exhorbitant les soieries que nous leur envoyons tous les ans pour 60 à 70 millions, sous le prétexte que la soie est un objet de luxe? Et doit-on, par des droits exagérés, frapper la fabrique de Paris qui, presqu'exclusivement occupée d'objets de luxe, met en mouvement un capital énorme, paie annuellement 80 à 100 millions de salaires, et entretient nos fabriques d'outils ou d'autres objets de consommation rigoureuse, en multipliant à l'infini le capital consacré à l'achat des matières premières qu'elle emploie; ne serait-ce pas ruineux pour le pays?

Une livre de fer, par exemple, qui ne coûte à l'état brut que six sous, représente, après avoir été transformée en acier et fabriquée en spirales de ressorts de montres, une valeur de près de 400,000 francs, qui toute est composée de main-d'œuvre, et par conséquent employée à l'achat d'alimens, de vêtemens, d'outils, ou de tous autres objets naturels ou manufacturés, nécessaires aux besoins des ouvriers qui l'ont travaillée (1).

La bijouterie, les modes, et toutes les fabrications d'objets frivoles, sont dans la même position, et aussi fertiles en résultats pour le pays.

Le gouvernement doit donc, au lieu d'apporter des entraves, élargir la sphère d'activité de toutes les industries; car toutes les consommations étant liées, les mesures qui ont pour but d'accroître une seule industrie, ont

---

(1) Ant. Costaz, Essai sur l'administration du commerce, page 305.

un retentissement dont il est impossible d'apprécier l'importance.

De telles vérités ayant été si long-temps méconnues, les fausses notions ont fait plus de mal qu'une ignorance absolue, puisqu'elles ont soumis notre commerce et notre industrie à un système de restrictions dont ils seront encore long-temps affectés.

C'est surtout dans nos relations avec nos colonies, que l'application de ces principes vicieux a été funeste, en maintenant à leur profit un privilége qui affecte tout notre commerce avec l'étranger, et coûte à la France, tous les ans, des sommes énormes, dans lesquelles la dépense de leur administration et de la protection à laquelle elles ont droit, entre pour la moindre part.

Je démontrerai, dans les chapitres suivans, les conséquences fatales qui résultent, pour la France, du maintien de ce système, sans lequel son commerce s'accroîtrait dans des proportions énormes.

Jusqu'ici, les progrès qu'elle a faits et le développement prodigieux de son industrie, sont dus à la force des choses, et n'ont pas été amenés par la législation, mais malgré la législation, et par des causes d'une puissante vitalité.

La république, le consulat et l'empire, dans la préoccupation des guerres qu'ils ont eues à soutenir, n'ont pu porter assez leur attention sur ces graves questions; et la restauration, en ramenant les erreurs et les préjugés, a repoussé les améliorations réclamées, tant par la crainte que lui inspirait l'indépendance du commerce, que par l'idée de répulsion dans laquelle elle plaçait tous les hommes adonnés à des professions roturières.

Pour le gouvernement actuel, c'est un devoir impérieux de prendre toutes les mesures qui, en favorisant l'industrie, assurent au pays la puissance et la prospérité auxquelles il a le droit de prétendre.

Espérons que les Chambres ne déclineront pas leur autorité dans de si graves matières, et que les hommes spéciaux, réunis aujourd'hui dans les conseils supérieurs, prendront l'initiative des lois de progrès qui peuvent seules assurer un grand avenir.

CHAPITRE II.

DU COMMERCE COLONIAL COMPARÉ AU COMMERCE DE CONCURRENCE.

Lorsque dans le principe de l'établissement de ses colonies, le gouvernement français a cherché dans la création des priviléges et des tarifs exorbitans, le moyen de protéger d'une manière absolue la vente et la consommation exclusives des différens produits métropolitains et coloniaux, l'usage de ceux-ci était limité à un petit nombre de consommateurs, auxquels les colonies pouvaient aisément suffire ; et de plus, la possession de Saint-Domingue et de l'Ile-de-France permettait, par leur immense production, de faire avec l'étranger un commerce de réexportation considérable.

Mais depuis lors, tandis que les consommations se sont accrues dans de grandes proportions, les événemens politiques sont venus restreindre nos productions par la perte de nos principales colonies ; celles qui nous restent ne suffisent plus, sauf pour le sucre, au dixième de nos consommations, et nous sommes forcés d'y satisfaire par des achats faits aux colonies étrangères.

Ainsi dans les acquittemens des cafés qui, pendant les trois années 1829, 1830, 1831, se sont élevés à la quantité de 27,140,994 kilogrammes, les colonies étrangères ont figuré pour 18,902,660 kilogrammes, et nos colonies seulement pour 8,238,334 kilogrammes ; et lorsque les cafés étrangers donnent lieu à un commerce annuel de réexportation de 5 à 6,000,000 de kilogrammes, ceux de nos colonies n'y figurent que pour 800 à 1,000 kilogrammes au plus par année.

Sur 1,306,084 kilogrammes de cacao importés en 1831, nos colonies ne figurent que pour 210,166 kilogrammes.

Sur 1,907,183 kilogrammes de poivre et piment, elles ne figurent que pour 24,416 kilogrammes.

Sur 974,579 kilogrammes d'indigo, elles ne figurent que pour 13,214 kilogrammes, dans lesquels Bourbon entre pour plus de 12,000 kilogrammes, par suite des réexpéditions de ce qu'elle reçoit de l'Inde.

De tous les produits tropicaux, la plus grande partie, comme on le voit, nous vient d'ailleurs que de nos colonies, et quelques-uns même ne figurent pas du tout, dans ce qu'elles nous envoyent. Les forts tarifs nuisent donc au développement de notre commerce sans les favoriser, puisque, malgré les surtaxes énormes qui frappent les produits étrangers à leur profit, leur production ne peut en être augmentée, et les consommations en France en sont fortement affectées. Ce sont de doubles sacrifices imposés à la métropole ; et sur les quatre articles cités plus haut, ce sacrifice s'est élevé pour elle à la somme de 5,659,237 fr. 30 cent., qui eût, sans nul doute, été employée à payer une quantité supplémentaire de ces mêmes marchandises, si le droit eût été réduit d'autant, et aurait par là favorisé nos consommations et notre marine, en provoquant de nouveaux produits.

Ces surtaxes fatales, en arrêtant les consommations, sont autant de primes offertes à la contrebande, qui se charge d'y pourvoir. Il n'est donc pas étonnant que, malgré l'accroissement immense de l'aisance publique et de la population, l'importation et l'acquittement officiels des cafés en France se soient réduits de plus de moitié depuis 1787. Dans la moyenne des trois années 1787, 88 et 89 (1), les cafés importés de nos colonies d'Amérique seulement, s'élevèrent à la quantité de 41,287,400 livres; et dans les six premiers mois de 1792, les importations se sont élevées à 31,528,600 livres, et les exportations à 30,951,100 liv. : ce qui démontre quel immense commerce la France en faisait à cette époque. La moyenne annuelle des importations générales n'a plus été, au contraire, dans les trois années 1829, 1830 et 1831, que de 26,668,580 livres, sur lesquelles il a été réexporté 10,722,180 livres; et lorsque les colonies d'Amérique seules nous ont adressé, en 1787, 41,287,400 livres, nos colonies actuelles, toutes ensemble, n'ont figuré aux importations ci-dessus, année moyenne, que pour 5,744,672 livres. En présence de pa-

---

(1) Résultat du commerce extérieur de la république, par M. Rolland, ministre de l'intérieur, p. 141. Paris, 1793.

reils faits, la surtaxe n'est-elle pas une anomalie ruineuse pour notre commerce et notre navigation, et ne doit-on pas reconnaître que la contrebande énorme à laquelle elle donne lieu, pour satisfaire à toutes les consommations, empêche de fait un commerce régulier, qui accroîtrait d'autant l'exportation de nos produits manufacturés, et l'importation des matières premières nécessaires à leur confection?

Le maintien d'un tel état de choses, quelque malheureux qu'il soit, pourrait peut-être encore être excusé, si, en compensation des sacrifices que la législation coloniale nous impose, nous trouvions dans nos colonies des débouchés importans pour les produits de notre sol et de nos diverses manufactures; mais il n'en est pas ainsi, et la faible part qu'elles prennent à nos exportations d'objets manufacturés, vient accroître les pertes que cette protection nous fait éprouver.

Notre commerce général extérieur, dans les trois années 1829, 1830 et 1831, a été,

A l'importation,

En marchandises diverses. fr. 589,172,460
En numéraire.   212,077,894

Total. . . . . fr. 801,250,354

A l'exportation,

En marchandises . . . . . fr. 599,550,873

En numéraire. 47,356,546

Total. . . . . fr. 646,907,419

Les colonies françaises ont figuré, dans ce mouvement, année moyenne,

Aux importations, pour. . fr. 69,519,091

A l'exportation, pour. . . 47,525,878

Ce n'est pas 7 1/2 p. 100 de notre commerce général; et si l'on réfléchit que les sucres, qui sont du reste leur production spéciale, figurent annuellement pour 51,077,202 fr., et que sur 69,188,659 fr., d'autres denrées coloniales importées, le coton compris, elles ne figurent que pour 4,480,475 fr., ne doit-on pas comprendre combien les surtaxes sont funestes, puisque celles qui atteignent les sucres causent, malgré l'importation considérable que nous recevons des colonies, des effets déplorables sur l'industrie du raffinage et sur la consommation des sucres raffinés ?

Ces surtaxes pouvaient s'expliquer, comme je l'ai dit, lorsque nous possédions des colonies qui pouvaient alimenter toutes nos consommations et nous permettre un grand commerce de réexportation; mais aujourd'hui, je ne les conçois pas: je dirai plus, elles ne peuvent pas exister, sous peine de sacrifier notre industrie.

Elles étaient concevables lorsqu'elles avaient pour but de favoriser Saint-Domingue, par exemple, qui seule nous envoya, *dans le premier semestre de* 1792, *pour* 119,845,000 fr. de marchandises; que dans la même période, la *Martinique*, la *Guadeloupe*, *Cayenne*, *Tabago* et *Sainte-Lucie*, nous en ont envoyé pour 44,118,000 fr., lorsque ces seules colonies occupaient par an 1,280 à 1,300 de nos navires et nous envoyaient pour plus de 250 millions de leurs produits; mais aujourd'hui, dans l'état de nos relations et de notre industrie, ces surtaxes sont un crime de lèse-prospérité nationale, et ce qu'elles nous ont coûté est incalculable.

Le développement qu'a reçu notre commerce de concurrence, peut donner la mesure de ce que l'on doit attendre d'un commerce basé sur un système de liberté bien entendu, et une foule d'exemples viennent, sous ce rapport, confirmer pleinement les principes émis par tous les économistes. En les appliquant au régime commercial de nos colonies, on améliorera leur position, en permettant à la métropole d'accroître ses relations avec l'étranger ; et en reportant sur l'industrie le supplément de capital nécessité aujourd'hui dans l'achat des consommations, par suite du privilége mutuel qui existe tant à la métropole qu'aux colonies, l'on réduira d'autant les frais de production, et alors nos produits plus abondans se présenteront avec plus d'avantages sur les marchés étrangers. L'indépendance des transactions a toujours et partout produit les mêmes effets.

De 1771 à 1777, le commerce des Indes orientales, exploité exclusivement par une compagnie privilégiée, s'élevait en importations, année moyenne, à 20,294,000 fr. ; dans les deux années 1787 et 88, pendant lesquelles les particuliers furent appelés librement à y prendre part, il s'éleva à la somme de 95,326,000 francs, et dans les deux années 1829 et 1830, les importations ont été de 80,527,361 francs, quoique depuis lors les prix se soient réduits de plus de moitié sur les différens articles importés ; mais depuis quarante ans, la population et l'aisance se sont accrues, et les besoins se sont multipliés dans une grande progression.

Aux États-Unis, nos relations ont pris un développement prodigieux, et qui, chaque année, tend à s'accroître encore.

En 1787, nous avons fait avec les États-Unis un commerce qui s'est élevé,

En importations de leurs produits, à . . . . 14,105,800 f.

En exportations des nôtres, à   2,050,600

En 1829 : Importations. . . . 90,915,371
En exportations . . 73,760,334

En 1831 : Importations . . . 80,479,951
Exportations . . . 134,964,236

Ce qu'il y a de plus avantageux et de plus remarquable pour la France, dans ce commerce, c'est qu'en 1829, les objets manufacturés figuraient dans nos exportations pour

60,408,835 francs, et le numéraire pour 107,000 francs; et qu'en 1831, les objets manufacturés figurent seuls pour 118,201,602 francs, les produits naturels pour 16,591,634 francs, et le numéraire pour 171,000 francs.

Ces résultats sont dus au traité qui a placé nos relations, avec ce pays, sur un pied d'égalité plus favorable, et l'année 1832 aura vu s'accroître un commerce déjà si important. Cette progression rapide de notre commerce avec les États-Unis, suffit pour faire comprendre au gouvernement qu'il ne doit pas hésiter à asseoir, d'une manière stable, les rapports que nous y entretenons. Les vingt-cinq millions d'indemnité, dont l'engagement a produit des résultats si remarquables, seront, comme on le voit, des fonds bien placés; et combien la France n'aurait-elle pas à perdre, si la législature refusait son adhésion à un traité qui assure à nos produits manufacturés un débouché qui absorbe à lui seul plus du tiers de ce que nos diverses fabriques ont exporté dans tout l'univers?

Avec nos colonies, nos exportations d'objets manufacturés sont très-peu importantes, puisque sur 233,060,763 fr. des produits de nos principales fabrications exportés, elles n'ont reçu que 8,085,585 fr.

Le tableau ci-après indique la quotité qu'elles ont reçue de chaque sorte de marchandise comparée à ce que les Etats-Unis en ont eux-mêmes importé.

Nous avons exporté en 1831 :

	AU COMMERCE GÉN.	AUX ÉTATS-UNIS.	AUX COLONIES.
Soies à coudre. . .	2,101,710	1,289,815	1,140
Tissus de soie. . .	92,986,117	45,589,694	292,934
Batistes, tulles, dentelles	17,428,081	4,676,710	177,715
Casimirs et mérinos	7,427,974	2,588,478	13,489
Draps.	11,950,740	775,521	180,117
Étoffes mélangées de laine.	1,899,732	1,276,284	23,808
Rubans	24,309,840	12,269,280	126,480
Tissus de coton . .	52,343,656	6,890,224	6,903,876
Gants.	8,417,480	4,698,880	49,520
Plaqué	2,054,480	200,220	30,170
Mercerie	6,441,432	1,658,236	164,656
Articles de Paris. .	5,699,521	997,260	121,680
Totaux. . . .	233,060,763	82,900,602	8,085,585

La même infériorité existe sur les produits naturels. Ainsi nous avons exporté :

	AU COMMERCE GÉN.	AUX ÉTATS-UNIS.	AUX COLONIES.
Vins divers	32,052,804	5,691,929	2,617,531
Eaux-de-vie. . . .	11,960,000	1,799,928	186,270
Garance.	6,056,716	719,573	»
Totaux. . . .	50,069,720	8,211,430	2,803,801

Une autre cause de défaveur résulte de cette infériorité relative dans nos relations avec nos colonies, c'est que pendant que l'importation de leurs produits excède de beaucoup l'exportation que nous leur [faisons des nôtres, et établit par conséquent une balance très-forte en leur faveur, notre commerce avec les États-Unis, au contraire, met la balance en la nôtre dans une proportion très-sensible.

Ainsi dans les trois années 1829, 1830 et 1831, les importations totales de nos colonies se sont élevées à la somme de fr. 208,557,274

et nos exportations seulement à. 142,577,634

La balance en leur faveur est

donc de. 65,979,640

Avec les États-Unis, au con-

traire,

Nous avons exporté. 285,135,555

Nous avons importé. 214,200,858

La balance en notre faveur

est de. . . . . fr. 70,934,697

Dans toutes nos relations les plus importantes avec l'étranger, il n'en est pas où la balance soit plus défavorable qu'avec nos colonies,
sauf la Sardaigne et les Pays-Bas; la première,
à cause des soies et des huiles qu'elle nous en-
voie; et les Pays-Bas, par le commerce de
toiles et de charbon, et à cause des quantités
considérables de marchandises venant d'Angleterre, que nous ne pouvons pas recevoir
directement et qui nous arrivent par la voie
d'Ostende.

37

Ainsi pendant les trois années ci-dessus,

fr.

Nous avons acheté à la Sardaigne p^r 186,361,131
Nous lui avons vendu. 120,226,848
Nous avons acheté aux Pays-Bas. 207,139,405
Nous leur avons vendu. 132,402,965
Nous avons acheté à l'Angleterre. 72,921,084
Nous lui avons vendu. 304,275,107
Nous avons acheté à l'Espagne. . 86,419,282
Nous lui avons vendu. 148,936,374

Et avec les colonies étrangères :

Nous avons acheté au Mexique. . 17,694,953
Nous lui avons vendu. 53,477,061
Nous avons acheté au Brésil. . . 33,070,978
Nous lui avons vendu. 31,617,886
Nous avons acheté au Pérou. . . 2,348,462
Nous lui avons vendu. 15,579,707
Nous avons acheté à l'île Maurice. 4,790,502
Nous lui avons vendu. 8,627,424
Nous avons acheté aux Antilles esp. 22,499,637
Nous leur avons vendu. 20,759,502

Il résulte donc clairement de ce qui précède
que notre commerce colonial est de beaucoup
plus défavorable que le commerce de concur-

rence; et il en résulte encore que le Mexique, le Brésil, le Pérou, l'île Maurice et les Antilles espagnoles, nous ont acheté pour 3,906,290 francs d'objets manufacturés de plus que nos colonies. On m'objectera que la population de nos colonies est bien plus faible que celles de ces différens pays; mais je n'ai qu'une réponse à faire : c'est que dans ces cinq pays, l'un est une colonie anglaise, et que dans les quatre autres, la concurrence de l'Angleterre est d'autant plus grande qu'elle y est mieux traitée; et la proportion dans laquelle nos marchandises y sont reçues serait certainement plus forte, si nos relations y étaient établies sur des traités plus rationnels, et si nos tarifs ne s'opposaient pas à ce que nous pussions importer une plus grande quantité de leurs produits.

Ainsi, par exemple, au Mexique, nos marchandises sont taxées *ad valorem*, et celles de l'Angleterre sur prix de facture. Il résulte de là que l'estimation étant laissée à l'arbitraire, un droit de 15 p. 100 équivaut à un droit de 30 p. 100, puisque l'on prend pour base de l'évaluation les cours du pays, et que les prix se trouvent par conséquent augmentés de tous les frais de commissions, fret, assurances, déchets, avaries, tandis que les analogues, venant d'Angleterre, n'étant taxés que sur prix de facture et dégagés de tous les frais ci-dessus, ne sont pas comparativement imposés à 10 p. 100. Cependant malgré ces désavantages, le Mexique reçoit tous les ans pour vingt millions de nos produits : que serait-ce donc si nous y étions mieux traités ?

Je sais bien que l'on ne peut pas s'en rapporter rigoureusement aux évaluations des états de commerce, parce que les prix des marchandises n'y sont pas portés d'une manière exacte ; aussi c'est bien plus sur les masses de marchandises importées ou exportées que je fonde mon opinion, que sur les sommes pour lesquelles elles sont comptées.

Ainsi la Russie figure à l'importation, en 1830, pour une somme de 18,514,963 fr., et à l'exportation, pour 6,297,178 fr., dans lesquels les vins n'entrent que pour 1,606,811 f.; mais la valeur réelle des vins exportés est beaucoup plus considérable, car ils se composent exclusivement de vins fins ; et lorsque ceux de la Gironde sont cotés 2 fr. le litre, ceux de Champagne et Bourgogne ne le sont que sur le pied de 1 fr. le litre. Or, il est de notoriété publique que la Russie n'en demande pas au-dessous de 3 f. 50 c. à 5 fr. la bouteille, ce qui fait 4 fr. 50 c. à 6 fr. 25 c. le litre.

Cette différence existe sur tous les vins que nous exportons.

Avec nos colonies, la position n'est plus la même; car bien loin que nos exportations soient plus fortes, elles sont au contraire constamment de beaucoup inférieures aux importations, et cette infériorité a existé depuis que nous les possédons.

En 1787, Saint-Domingue nous appartenant, nous avons importé des colonies pour une somme de 205,401,000 fr. (1), et nous avons exporté pour 69,292,200 fr.

En 1831, nons avons importé . 74,411,253 et nous n'avons exporté que . . . 33,806,615

Cela vient de ce que nos colonies ne sont pas colonies de consommation, mais bien de pro-

---

(1) Rapport de Rolland, 1792.

duction spéciale, et qu'elles ne seront jamais pour la France qu'un débouché limité, puisqu'avec la législation actuelle il se borne à leur population, et que d'un autre côté, la plus grande partie de ce que nous en recevons n'est autre chose que le revenu de quelques riches créoles, habitant la France, ou le remboursement partiel des sommes qui sont dues à nos ports de mer. C'est ce qui explique la différence qui existe dans les temps de crise, entre leurs importations et leurs exportations, parce que les armateurs veulent ajouter le moins possible à la dette actuelle de 75 à 80 millions, et qu'ils en retirent au contraire tout ce qu'ils peuvent; or les colons étant passibles du change de retour et des frais qui sont considérables, puisque le change seul est souvent de 25 p. 100, il en résulte qu'ils sont maintenus dans une situation funeste, situation qui ne pourra finir que par une catastrophe, car les colonies ne devant trouver, dans l'état actuel, que dans les produits de leurs récoltes des moyens de libération, elles ne pourront pas plus se libérer que tous les propriétaires fonciers trop obérés; elles le pourront d'autant moins, que l'absence pour elles de tout commerce étranger produit le manque absolu de numéraire dont elles se ressentent, et qui vient empirer leur position.

Cela est si vrai, qu'un homme parfaitement au courant, et qui occupe la présidence d'une cour royale dans l'une de nos principales colonies, me disait, il y a quelques mois, que si un colon voulait réaliser en espèces une fortune immobilière de 5 à 6 millions, à la condition du paiement dans une année, il n'en trouverait pas 400 mille francs. N'est-il donc pas déplorable de voir le commerce entier de France gêné par le privilége colonial, pour arriver à de pareils résultats ?

En présentant plus haut le mouvement de notre commerce extérieur pendant les trois années 1829, 30, 31, avec les différentes nations, je ne prétends pas l'admettre comme rigoureusement exact, bien que je l'aie puisé aux états officiels, ni en induire que la différence existant entre les importations et les exportations, est toujours comblée par un solde en numéraire. Je signale un fait, parce que dans tous les cas il a pour nous un côté favorable, en montrant que l'exportation de nos produits manufacturés est plus forte que nos importations; mais il n'en est pas moins vrai que la différence se trouve balancée, soit par la contrebande, soit par la création à l'étranger d'établissemens dont le capital a fait partie de ces mêmes exportations, soit enfin par l'introduction de marchandises par une voie indirecte. Les états officiels ne constatent pas non plus le nombre de navires sombrés, tant à l'entrée qu'à la sortie, ni la somme représentée par leurs cargaisons : en Angleterre, sur 26,000 navires, on compte 3oo navires perdus par année; en France, les assurances sont calculées sur un naufrage par 18o à 2oo navires. Or, sur 15,389, ce n'est pas moins de 8o à 85 navires perdus par année, dont les cargaisons calculées en moyenne à 2oo,ooo francs, représentent 17,ooo,ooo de fr. qui n'accomplissent pas leur destination et dont la perte influe par conséquent pour une somme double sur notre commerce général.

La balance de notre commerce avec l'Angleterre semble être en notre faveur dans les trois années ci-dessus, pour 232 millions, lorsqu'avec les Pays-Bas elle est contre nous de 75 à 80 millions. Ici la même cause produit les deux effets, et la différence, *à part la contrebande*, vient en partie de la nécessité où se trouve le commerce français de faire venir par Ostende les marchandises des colonies anglaises qu'il ne peut recevoir directement d'Angleterre.

Aussi la balance du commerce à laquelle on a pendant long-temps attaché une grande importance, n'est-elle qu'une véritable utopie ; car toutes les nations, dans le compte rendu de leur commerce, savent toujours en définitive faire pencher cette balance en leur faveur. Ce qu'il faut examiner, ce sont les faits. Or, les faits, quant à notre commerce de concurrence, sont tous en faveur de la France, et je suis heureux que l'étude particulière que j'en ai faite, m'ait procuré cette consolante conviction. J'espère que l'administration reconnaîtra enfin que l'importance de nos consommations excédant, dans des proportions énormes, la production de nos colonies, il y a urgence dans l'intérêt de nos diverses branches d'industrie, comme de notre marine, à supprimer des surtaxes qui, en arrêtant l'importation d'une plus

grande masse de matières premières, empê-
chent l'exportation de plus de produits manu-.
facturés. En adoptant ce principe, il faut
accorder aux colonies une indépendance plus
large dans leurs relations, car il y aurait injustice criante à leur faire suporter des prohibitions dont on exempterait la métropole.
L'expérience aura bientôt convaincu les partisans des restrictions, que tout en voulant le
bien de leur pays, ils lui ont fait supporter
des sacrifices dont la liberté commerciale,
sagement appliquée, pourra seule le dédom-
mager un jour.

CHAPITRE III.

DU COMMERCE COLONIAL SOUS LE RAPPORT DE LA NAVIGATION.

J'ai démontré, dans le chapitre précédent, l'infériorité de notre commerce colonial comparé au commerce de concurrence ; je vais examiner ici jusqu'à quel point est fondée l'allégation que notre marine étant la plus chère du monde, il y a intérêt à rester dans le système suivi depuis long-temps, puisque notre commerce avec nos colonies occupe le quart de nos navires, et que nous ne pourrions pas soutenir la concurrence de la marine étrangère, qui, par l'économie de ses frais, s'emparerait, à notre détriment, de tous les transports de notre commerce avec l'étranger.

Je répondrai en peu de mots à un reproche semblable, fait par l'administration elle-même.

Nos frais d'armemens et d'équipages ne sont pas plus élevés que ceux de toutes les autres nations, et sont même inférieurs à ceux de l'Angleterre; ce qui le prouve, c'est que le grand cabotage, fait par nos navires dans la mer des Indes, donne des bénéfices si considérables, que le navire est gagné dans deux ou trois voyages.

On objecte encore que les États-Unis, avant le traité qui a été conclu avec eux, avaient à supporter un droit de tonnage de 80 fr. par tonneau, ce qui, sur un navire de 300 tonneaux, ne fait pas moins de 24,000 fr., et que l'économie de leur navigation est telle, que malgré cet énorme droit, beaucoup de leurs navires abordaient dans nos ports ; mais on ne dit pas que, pour s'y soustraire, ils n'y entraient que sur lest, après avoir débarqué leurs cotons ou leurs tabacs à Cowe ou à Liverpool, d'où ils nous étaient ramenés.

La raison qui influe sur la navigation de puissance à puissance, est dans l'état des transactions commerciales. Notre commerce avec les États-Unis a occupé en moyenne, dans chacune des trois années 1829, 1830 et 1831, le pavillon américain pour 135,027 tonneaux, et le nôtre seulement pour 15,804, parce que, pour les cotons et les tabacs qui forment la presque totalité de leurs exportations, le marché n'est ni à New-York, ni à Baltimore, mais bien au Havre, et qu'au Havre les cotons sont encore américains.

Il en est de même avec la Suède et la Norwège, car le marché des sapins du nord est au Havre, et non à Christiana ou à Berghem.

La faible part que nos navires prennent à notre commerce avec l'Angleterre, s'explique par la sorte de prohibition qui frappe beaucoup d'articles que nous ne pouvons en recevoir directement, et qui nous viennent par Ostende, où la marine anglaise les porte, pour de là nous être réexpédiés. Combien nos tarifs, sous ce rapport, n'exercent-ils pas d'influence sur l'état précaire de notre marine?

Dans les trois années 1829, 1830 et 1831, le mouvement général de la navigation de la France, sans y comprendre les pêches et le cabotage, a été, année moyenne, tant à l'entrée qu'à la sortie, de 15,389 navires jeaugeant

1,590,576 tonneaux; sur cette quantité, le pavillon étranger figure pour 9,019 navires jeaugeant 955,319 tonneaux, et le nôtre pour 6,370 navires jeaugeant 635,257 tonneaux.

Les pêches ont occupé 15,427 navires jeaugeant 247,723 tonneaux, et le cabotage 138,933 navires jeaugeant 4,447,526 tonneaux. Ces deux genres de navigation s'exécutent exclusivement sous pavillon français.

En 1788, le mouvement de la navigation du cabotage n'était que de 21,453 navires jeaugeant 972,537 tonneaux, dans lesquels les étrangers de toutes les nations prenaient une part de 59 navires et de 5,218 tonneaux.

Sur le mouvement général de notre navigation, en 1829, 1830 et 1831, les colonies ont employé, année moyenne, 896 navires et 221,513 tonneaux, dont à la sortie 462 navires jeaugeant 114,293 tonneaux, et à l'entrée 434 navires jeaugeant 107,220 tonneaux.

Cette quantité, qui représente le sixième de notre navigation au long cours, est le principal argument sur lequel on insiste, comme prouvant que nos colonies présentent à notre marine des avantages que le commerce de concurrence est loin de lui offrir. Mais on ne veut pas avouer que ce tonnage nominal est loin de se trouver d'accord avec le tonnage réel des marchandises importées ou exportées, et ne prouve rien, quant à l'importance de notre commerce réel avec nos colonies.

Ainsi nos importations des colonies, qui se sont élevées, en 1831, à 72,620,445 fr., n'ont employé que 440 navires jeaugeant 107,886 tonneaux; lorsque celles de 1829, qui ne se sont élevées qu'à la somme de 68,191,874 f., en ont employé 442 jeaugeant 109,512 tonneaux; les importations de 1829, moindres de 4 millions 5oo mille francs, ont donc employé 2,000 tonneaux de plus.

Les exportations pour les colonies présentent les mêmes différences; celles de 1830, qui se sont élevées à 41,702,416 francs, n'ont employé que 413 navires jeaugeant 102,283 tonneaux, et celles de 1831, qui ne se sont élevées qu'à la somme de 33,806,615 francs, ont employé 460 navires jeaugeant 111,760 tonneaux. Une exportation moindre de 8 millions de francs a donc employé 47 navires et

9,5oo tonneaux en plus : il a fallu que plus de la moitié des navires aient été expédiés sur lest, puisque, sur les 111,760 tonneaux représentant les navires expédiés, il n'a été réellement exporté que 51,701 tonneaux de marchandises, en y comprenant 9,342 tonneaux de briques, carreaux et matériaux divers, qui ne sont chargés que comme un lest plus économique que le galet.

Ceci prouve, comme je viens de le dire, que plus de la moitié des navires vont aux colonies sur lest, et qu'arrivés là, bien que souvent ils se contentent d'un prix de 3 à 4 deniers, ils ne trouvent rien à y charger, et sont forcés de relever pour d'autres points pour y faire leur chargement, qui, du reste, devient d'autant plus difficile que la plupart des marchandises qu'ils pourraient prendre, sont exclues de nos marchés par les tarifs.

Ce qui vient encore à l'appui de ce que j'avance, c'est que dans ces mêmes trois années, notre navigation avec les colonies étrangères ci-après, qui n'a employé que 1,477 navires jeaugeant 335,838 tonneaux, a donné lieu à un commerce de 353,165,599 francs, tandis que, dans la même période, le commerce avec nos colonies, qui n'a été que de 355,461,474 francs, a occupé 2,690 navires jeaugeant 664,541 tonneaux.

Ces colonies étrangères sont :

	Nav. franç.	Tonn.	Nav. étr.	Tonn.
Haïti.	204	39,870	2	335
Brésil.	269	64,339	143	28,329
Mexique.	195	48,635	24	4,696
Iles espagnoles.	210	46,222	101	21,350
Possessions anglaises dans l'Inde.	100	33,657	7	1,864
Chili.	43	11,673	3	528
Colombie.	56	9,948	15	2,400
Buénos-Ayres.	77	16,676	28	5,316
Navires français.	1154	271,020	323	64,818
Id. étrangers.	323	64,818		
Totaux.	1477	335,838	Ton.	

Notre marine dans ce commerce est donc dans la proportion de plus des quatre cinquièmes ; et peut-on soutenir que cette proportion ne serait pas dépassée si les cafés de Haïti, les cacaos, les cuirs, les cafés et les sucres du Brésil et de Buénos-Ayres, les sucres et les cafés de la Havane, et les produits divers du Mexique et du Chili n'étaient pas repoussés de nos marchés comme ils le sont par des tarifs exagérés ?

Le commerce que Paris seul entretient avec les îles espagnoles est considérable; mais les sucres qui forment les retours les plus favorables, étant repoussés de nos ports, et devant être dirigés, comme ils le sont aujourd'hui, soit sur Anvers, soit sur Amsterdam ou Hambourg, est-il possible que des maisons prudentes se livrent à des opérations si chanceuses, et ce commerce peut-il, dans de telles conditions, recevoir tout le développement dont il est susceptible ?

Le meilleur moyen de favoriser notre marine sur tous les points du globe, et d'assurer notre importance sur tous les marchés, ne peut exister, comme je vais le démontrer, que dans la réduction de nos tarifs; et l'administration verra alors que nos armateurs ne redoutent pas la concurrence étrangère.

Je m'étonne qu'en se rendant l'écho d'un tel reproche, le gouvernement français cherche, par toutes ses lois commerciales, à maintenir notre marine dans cette position, au lieu d'y trouver un motif d'élargir la sphère du commerce français, et de prendre toutes les mesures qui, en assurant de plus en plus la liberté des transactions, faciliteraient et augmenteraient l'échange des divers produits de la terre.

CHAPITRE IV.

DES DROITS SUR LES MATIÈRES PREMIÈRES, ET DE LA CONTREBANDE.

L'on conçoit très-bien que les impôts de consommation, dont la perception importante est si facile, séduisent à la première vue les agens du fisc; mais ce que l'on s'explique difficilement, c'est qu'une administration éclairée vienne renchérir sur leurs décisions, en imposant outre mesure les matières premières, qui devraient toujours être livrées à l'industrie au plus bas prix possible, sous peine de la répulsion de ses produits sur les marchés étrangers.

Aussi, tous les économistes, depuis long-temps, ont-ils été unanimes dans l'opinion de la nécessité qu'il y a de les réduire au taux le plus bas, et cette nécessité même est implicitement reconnue, par les gouvernemens qui la nient, dans le remboursement des primes de

sortie qu'ils accordent sur les produits manufacturés. Mais ces primes n'étant allouées qu'à
un petit nombre d'articles privilégiés, il n'en
résulte pas moins un grand dommage pour
toutes les industries qui ne jouissent pas d'une
pareille faveur, et par contre-coup, pour tout
le commerce du pays.

En 1831, les douanes ont perçu, sur 374
millions 188,539 fr. de marchandises diverses
importées, une somme de 91,794,386 fr. Les
matières nécessaires à l'industrie qui ont figuré
à l'importation pour 229,797,889 fr., ont payé
30,850,630 fr., c'est-à-dire le tiers du total
des droits perçus. Il y a dans la quantité quelques articles qui entrent pour des sommes considérables et dont les droits sont au-dessous de
cette proportion : ainsi les soies acquittées pour
26,981,383 fr., ont payé 917,471 fr.; mais il
en est d'autres tout aussi indispensables à chaque industrie respective, qui sont moins favo-
risés, ainsi des sumacs acquittés pour une valeur de 173,535 fr., ont payé 135,125 fr. de
droits ; et certes, il faut que nos fabriques de
maroquins et de teinture ne puissent pas se
passer de sumacs étrangers, pour consentir à

payer un droit presqu'égal à la valeur, et qui augmente si sensiblement leurs produits.

Il est évident que cette somme de 30,850,630 f. est un obstacle au développement de notre industrie, et un impôt sur nos consommations d'autant plus lourd, qu'en occasionnant un déplacement considérable de capitaux inertes, il tarit la source d'une foule de productions avantageuses au pays, et qui, par voie indirecte, rembourseraient le trésor avec usure du sacrifice qu'il semblerait faire d'une portion de ces recettes.

Les impôts exagérés sont toujours un mal; sur les matières nécessaires à l'industrie, ils sont une calamité publique, puisqu'ils en arrêtent les progrès en atteignant, soit directement, soit indirectement, les agens qu'elle emploie, et qu'en augmentant les salaires et les frais de fabrication, ils nuisent à l'écoulement des produits, tant à l'intérieur que sur les marchés étrangers.

Le gouvernement anglais a commencé à reconnaître cette vérité et à en faire l'application sur quelques articles principaux nécessaires à ses manufactures.

Les laines ne sont, en Angleterre, imposées qu'à 10 fr. le quintal, et en France, elles le sont à 30 p. 100 de la valeur, ce qui, sur les qualités moyennes, équivaut à un droit de 60 à 80 fr. le quintal.

Le coton, imposé en Angleterre seulement à 5 fr. le quintal, l'est chez nous, en moyenne, à 15 fr. 60 c.

Celui de nos colonies n'est bien taxé qu'à 5 fr. les 100 kilog. ; mais, comme sur une quantité de 28,239,487 kilogrammes de coton acquitté en 1831, elles ne figurent que pour 206,702 kilogram., il en résulte que cette industrie se trouve inutilement grevée d'un surcroît de frais de plus de 4 à 5 millions, qui doivent nécessairement en retarder le développement et les progrès.

Le salpêtre, imposé chez nous à 28 fr. 50 c., l'est chez elle à 60 c. le quintal.

Le fer, dont la production en Angleterre est dans la proportion de 50 kilogrammes par an par individu, n'y est imposé, en moyenne, qu'à 25 fr. le tonneau de 1,000 kilogrammes ; lorsque chez nous, qui n'en produisons que

150,000 tonneaux, pour une population presque double, il est imposé à 25 fr. les 100 kilogrammes.

Elle a pareillement réduit au plus bas possible les droits sur les matières employées à la construction des navires.

Ces mesures ont eu chez elle le résultat forcé qu'elles devaient avoir, c'est de porter son industrie à un degré de perfection et d'importance considérable.

Ainsi, la quantité de coton importé en Angleterre, annuellement, s'est accrue dans des proportions énormes.

Années.	Coton importé.	Mis en consommation.
1765 à 1767.	4,241,364 liv.	4,018,210 liv
1804 à 1806.	59,908,673.	51,173,917
1822 à 1824.	153,799,302.	127,671,081

L'importation de la laine s'est élevée, de l'année 1767 à 1804, de 2,911,499 à 18,884,876 liv. pesant.

On pourrait croire que cette immense augmentation aurait dû affecter la consommation des autres tissus, mais loin de là, car, comme je l'ai déjà dit, toutes les consommations étant liées, celle des tissus de lin et de soie s'est accrue dans la même progression.

L'importation du lin et du chanvre s'est élevée, dans la même période, de 21,961,000 à 60,188,700 livres, et celle de la soie, de 715,628 à 2,559,092 livres.

En France, au contraire, l'importation du coton, qui était déjà de 9,986,600 liv. en 1787, est arrivée avec peine à 56,458,974 livres en 1831. Combien avons-nous d'industries dont les progrès ont été retardés par les mêmes causes? Il y a donc, dans l'intérêt du commerce général, urgence à ce que les tarifs qui atteignent les matières premières soient réduits et établis d'une manière plus rationnelle; ce n'est qu'à ce prix que peut exister la concurrence, qui seule sait assurer la supériorité des fabrications, et l'administration fera plus pour l'industrie en adoptant ce principe, qu'en accordant des primes d'encouragement, comme on l'a fait dans le temps, primes dont l'effet est toujours annihilé par le fisc; la prime la plus infaillible est dans l'adoption des mesures qui offrent et assurent des chances de bénéfice à l'intérêt particulier.

Une ville considérable de France, et dont le commerce alors était très-important, fut consultée par le ministre Colbert, pour savoir quel était son avis sur le meilleur moyen d'améliorer son industrie ; elle lui renvoya une supplique signée de près de deux mille négocians, et ainsi conçue :

« Monseigneur !

» Protégez-nous, et laissez-nous faire ! »

Elle avait raison ; l'intérêt particulier se trompe rarement sur ses besoins, et nous pourrions, aujourd'hui encore, dire à nos ministres :

Messieurs !

Protégez-nous et laissez-nous faire !

Car est-ce une protection que des tarifs qui, à chaque pas, nuisent au développement des productions comme des consommations ?

Sous le rapport moral, les droits exagérés sont tout aussi funestes, puisque, fournissant un aliment continuel à la contrebande, ils entretiennent la population de tous nos départemens frontières dans un état d'immoralité déplorable, et les placent constamment en hostilité flagrante avec la loi, en les habituant ainsi à la braver.

L'administration s'imagine encore, ou semble croire que son armée de douaniers rend la contrebande impossible; mais cette armée serait triplée, qu'elle se ferait encore. Ce qui empêche la contrebande, c'est le peu de bénéfice qui lui est offert; mais il n'y a ni douaniers, ni pénalité, quelque sévère qu'elle soit, qui puisse empêcher l'introduction en fraude d'une marchandise soumise à un droit égal à sa valeur.

Il est inconcevable qu'aujourd'hui encore on voie les hommes chargés de l'administration publique, professer des principes aussi opposés à ces idées, admises par tous les hommes qui ont un peu étudié la matière, et déclarer à la tribune (1) que les différens élémens dont se compose le prix d'une marchandise, sont une chose fort indifférente pour les consommateurs. On ne s'explique pas que de

____

(1) Discours du ministre du commerce, séance du 21 décembre 1832, sur l'exportation des sucres.

pareilles opinions puissent être émises, et la moindre réflexion en fait justice.

En effet, si, pour quelques consommateurs, les élémens dont se compose le prix d'une marchandise sont indifférens, ils ne le sont pas pour le commerce général, puisque la contrebande, qui sait en apprécier la conséquence, sait aussi en profiter pour alimenter la consommation. Ainsi, admettant qu'une marchandise coûte 20 sous acquittée, il n'est pas du tout indifférent, pour la contrebande, que ces 20 sous représentent 7 sous de valeur intrinsèque, et 13 sous de droit *aut vice versâ*, puisque, dans le premier cas, elle lui offre 200 p. 100 de bénéfice, tandis que dans le second, il n'est plus que de 50 p. 100 de la valeur.

C'est précisément ce qui arrive aujourd'hui pour les cacaos, les poivres et une foule d'autres denrées surtaxées.

Il est reconnu que plus le prix d'un artiele s'élève à l'entrepôt, moins il est affecté par la contrebande, dont les bénéfices sont réduits de toute cette hause de prix. Il est reconnu aussi que tous ceux soumis à un droit de 10 à

15 p. 100 de la valeur, figurent aux acquittemens pour la presque totalité des quantités
importées et employées par la consommation.

Il est clair que, lorsque le fraudeur ne
trouvera dans le droit qu'une chance de bénéfice égale au plus au dixième de la valeur
de la marchandise, il ne se risquera à l'introduire qu'avec une grande circonspection, puisque la saisie de la moindre quantité peut lui
faire perdre à la fois le bénéfice qu'il aura réa-
lisé sur quatre ou cinq opérations antérieures;
tandis que si, comme cela a lieu pour la plus
grande partie de nos grandes consommations,
il trouve, dans le droit dont elles sont grevées,
les chances d'un bénéfice qui représente souvent deux fois la valeur de l'objet, il n'hésitera
pas à en tenter l'introduction.

Aussi le taux des assurances pour la contrebande, organisées dans toutes nos villes frontières, varie-t-il bien moins en raison de l'en-
combrement des marchandises à introduire,
que du droit dont elles sont frappées; et une
montre à la frontière de la Suisse, ou une balle
de poivre à la frontière de la Belgique ou des
Pyrénées, qui sont à peu près d'une valeur
égale, sont, l'une et l'autre, assurées moyen-

nant 10 à 12 p. 100.; et certes la facilité d'introduction est bien différente.

C'est à ces causes que l'on doit attribuer les différences énormes qui existent entre les acquittemens officiels de certains articles et leur consommation réelle à l'intérieur.

Les cacaos, par exemple, que j'ai cités plus haut, entrent annuellement dans la consommation pour une quantité de 3 à 4,000,000 de kilogrammes. Il n'en a été acquitté, en 1829, que. . . . . 573,000 kil.
et en 1831. 644,000

Les muscades, dont la consommation s'élève à 8 ou 10,000 kilog. par année, n'ont été acquittées que pour 232 kilog., qui ont produit 1,149 fr. en 1831, lorsqu'avec un droit plus rationnel, elles devraient produire 25 à 30,000 francs.

La fraude sur le sucre, dans nos départemens frontières, où il se vend publiquement de 14 à 15 sous la livre, n'est pas moindre de 15 à 20 millions de livres par an, dont le droit s'élèverait à plus d'un million.

Au surplus, le rapporteur de la loi nouvelle

sur les douanes n'a-t-il pas, il y a quelques jours, déclaré à la tribune, qu'au moyen d'une prime de 25 à 30 p. 100, nos fabriques de Tarare et de Saint-Quentin recevaient, sans autres frais de transport, des cotons filés anglais pour une valeur de 8 à 900,000 francs, et je n'exagère pas en disant que M. le rapporteur est bien resté, dans cette évaluation, au-dessous de la réalité de plus de la moitié; car un ancien directeur des douanes ne peut pas décemment avouer en face de la France que, malgré les douaniers, une seule industrie reçoit pour plusieurs millions de produits étrangers en fraude; ce serait faire feu sur les siens, et il vaut mieux conserver au pays un système que l'on reconnaît ruineux, puisque les 30 p. 100 que l'on paie à la contrebande ne suffisent pas pour mettre nos filateurs à même d'atteindre la finesse de numéros que la fabrique des mousselines fines demande à l'étranger.

Il en est de même pour les montres, qui, malgré les prohibitions, entrent tous les ans pour une valeur de 11 à 12,000,000 de fr., et sur lesquelles un droit rationnel donnerait un produit considérable au trésor, en augmentant un commerce dont les chances actuelles réduisent l'importance.

Dans nos colonies, les mêmes causes produisent les mêmes effets.

Toutes les denrées que nous produisons exclusivement y sont admises dans des proportions beaucoup plus fortes que celles que l'étranger peut leur offrir à meilleur marché, et les droits dont ces diverses denrées y sont frappées, y entretiennent une contrebande dont les importations sont au moins aussi considérables que celles que nous y faisons nous-mêmes.

Ainsi, lorsqu'en 1831, nous leur avons envoyé 9,234,938 litres de vin, elles n'ont importé que 6,731,251 litres de farine, et 841,187 kilog. de viande salée, y compris le porc; elles ont donc usé de la faculté d'introduire des farines étrangères au droit de 21 fr., en dehors des conditions auxquelles cette faculté leur a été accordée, ou la contrebande les en a approvisionnées; car ces quantités n'ont pu évidemment leur suffire. Il est aussi peu probable qu'elles satisfassent à leur consommation entière avec des farines au prix de 60 à 70 fr.,

et des viandes salées au prix de 65 à 95, lorsque les Américains leur vendent les premières
à 28 et 30 francs, et les secondes de 35 à 40
francs.

Il en est de même pour l'importation qu'elles
font de nos produits manufacturés.

En 1831, dans les exportations aux colonies, la coutellerie française n'a figuré que
pour. . . . . 12,979 kil.

Les outils de fer et acier. . . 13,091

La grosse mercerie. 18,696

La mercerie fine. 3,740

Les aiguilles. 3

La poudre à tirer pour

le Sénégal. 3,340

Idem pour la Martini-
que seule. . . . . 10 ⎱ 4,005

Idem pour toutes les
autres colonies. 655

Bougies de blanc de baleine. 276

Colle-forte. 1,057

Et la sellerie pour une valeur de 34,040 fr.

Ces faibles quantités ne sont certainement
pas suffisantes à une population de 465,000

individus, dont une partie, jouissant d'une grande aisance, a des habitudes de luxe qui provoquent naturellement des consommations plus importantes.

De ce qui précède, il résulte que les tarifs exagérés, au moyen desquels on prétend favoriser nos colonies et nos diverses industries, n'atteignent ce but ni pour les unes, ni pour les autres, et qu'une révision générale est devenue indispensable; car ce n'est qu'à ce prix, comme je l'ai déjà dit, que l'on doit espérer de relever notre commerce, et tant que les droits ne seront pas mieux coordonnés avec la valeur intrinsèque des diverses marchandises qu'ils sont destinés à atteindre, il n'y a pas d'améliorations durables à espérer. C'est bien plus par la réduction des droits que par l'augmentation, que les douanes produisent et que l'industrie se vivifie; des faits nombreux sont venus confirmer cette vérité depuis long-temps reconnue.

L'Angleterre, qui nous a précédé dans cette voie, nous fournit une foule d'exemples des avantages que ce système a offerts à son commerce, et au trésor lui-même.

L'excellent ouvrage publié par sir Henry

Parnell (1), membre du parlement britannique, m'en fournit qui sont infiniment remarquables.

En 1745, le droit sur le thé fut réduit de 4 schellings la livre à 1 schell. ou 25 p. 100, et le produit de ce droit s'éleva de 444,659 liv. sterl., qu'il était, année commune, pendant les trois années antérieures à 1745, à la somme de 804,791 liv. sterl., produit annuel des trois années antérieures à 1749. Le droit fut, après cette époque, élevé successivement jusqu'à 119 p. 100 en 1784, et cette année, on le réduisit à 12 p. 100. La conséquence fut que les ventes à l'hôtel de la Compagnie des Indes, qui étaient en commune dans les trois années antérieures à 1784 de 17,164,966 livres, furent portées, pendant les trois années antérieures à 1788 à 48,163,811 livres, et le produit, au lieu de décroître dans la proportion de la réduction, c'est-à-dire de 700,000 liv. sterl. à 73,000 liv. sterl., s'est élevé à 240,000 liv. sterl.

(1) De la réforme financière en Angleterre, 1832, page 36.

Le droit sur le café était, en 1808, de 2 schell., et son produit annuel était, à cette époque, de 144,725 liv. sterl. ; ce droit fut réduit à 6 pences, et il produisit, en moyenne, dans les trois années antérieures à 1829, 378,350 liv. sterl. La consommation a augmenté de 4,069,091 livres ; qu'elle était, en 1808, à 18,906,373 livres ; le produit de l'année 1829 s'est élevé à 484,975 liv. sterl.

Le droit sur les vins français fut réduit, en 1825, de 11 schellings 5 pences par gallon ordinaire à 6 schellings. L'importation s'est élevée de 183,000 gallons, qui ont produit 106,000 liv. st., à 382,000 gallons, qui ont produit 115,000 liv. sterl.

La consommation du tabac en Irlande fut, en 1818, de 13,518,040 livres. La réduction du droit de 4 schellings à 3 schellings l'a portée, en 1827, à 18,826,124 livres, et le droit qui, dans les trois années antérieures à 1818, n'avait produit que 540,800 liv. st., s'est élevé, de 1827 à 1830, année moyenne, à 574,600 liv. sterl.

Le droit sur les chevaux, réduit de 6 liv. st.

13 schell. à 1 liv. st., en 1824, a donné les résultats suivans :

1824, chevaux importés,   134.
1827,   *idem.*   2,672.

Je pourrais multiplier à l'infini les exemples que fournit l'histoire du commerce ; que les réductions de droit sont toujours suivies d'un accroissement de consommation considérable, et presque toujours d'un accroissement de produits pour le trésor, et que les augmentations de droit ont toutes et toujours produit l'effet contraire.

Les vins de Porto, imposés en 1800 à 40 liv. st. du tonneau, ont rendu, à cette époque, 224,000 liv. st. ; en 1824, le droit fut élevé à 90 liv. st., et il ne rendit plus, dans les trois années antérieures à 1827, que 100,000 liv. sterl.

J'ai montré plus haut que le droit sur le thé, à 25 p. 100, avait rendu 804,791 liv. st.; et qu'élevé jusqu'à 119 p. 100, il n'avait plus produit que 700,000 liv. st. Il a donc fallu que la consommation, par suite de cette mesure, ait rétrogradé de plus des trois quarts, ou qu'elle ait été alimentée par la contrebande, qui y a trouvé des chances de bénéfice considérables.

Les différens faits que j'ai cités démontrent jusqu'à l'évidence que l'impôt exagéré, en affectant le revenu et entretenant la contrebande, ne peut que réduire l'industrie et le commerce étranger, et ils suffisent pour amener l'administration à des réductions qui, en fin de compte, n'affaibliront pas les recettes du trésor, car c'est un fait assez prouvé que jamais la réduction d'un droit n'a entraîné une réduction proportionnelle dans la recette, et que l'accroissement de consommation qu'elle provoque sur l'article dégrevé, rembourse, par les voies indirectes, au-delà de la somme dont on semble faire l'abandon (1).

Au surplus, qu'elle en fasse l'expérience sur des articles peu importans, les muscades, par

---

(1) Un exemple récent de ce fait vient de se présenter pour l'octroi de la ville de Rouen. Une forte réduction, arrêtée par le Conseil municipal, a produit, dans le seul mois de mars, une augmentation de 47,300 francs sur les recettes.

exemple, dont le droit de 12 et 15 francs par
kilog. ne porte pas le produit annuel à plus de
1,500 fr. Je l'affermerai, ce droit, moyennant
2,500 ou 3,000 fr., à la condition qu'il sera réduit à 3 francs le kilog. et même à 2 francs, et
l'administration verra là le résultat d'une expérience qui ne peut lui donner aucune chance
de perte, puisque ce que j'offre excède de
1,000 fr. au moins le produit annuel; ce serait
une obstination incompréhensible que de refu-
ser de se procurer la satisfaction de reconnaître
qui a raison, ou des hommes qui prétendent
que le trésor a intérêt à l'exagération des tarifs, ou des hommes opposés à ce système.

Ma conviction sur le résultat d'une telle
expérience ne sera pas trompée.

CHAPITRE V.

DES MESURES A ADOPTER VIS-A-VIS DES COLONIES.

Par les faits qui précèdent, j'ai prouvé que l'état actuel de nôtre législation coloniale affecte de toutes les manières notre commerce avec l'étranger comme avec les colonies, et que nos intérêts matériels en réclament hautement et promptement la modification ; les colonies elles-mêmes reconnaissent cette nécessité, puisqu'elles la proclament directement, en demandant à être autorisées à vendre leurs produits sur les marchés étrangers.

La discussion de la loi sur les primes à l'exportation des sucres, qui sont leur production exclusive, avait fait espérer que le gouvernement, éclairé par les avis des Chambres de commerce et des ports de mer si compétens dans de pareilles matières, serait enfin entré dans la voie des réparations , et aurait adopté les combinaisons proposées et dont le mérite est confirmé par une longue expérience ; mais loin de là , et par respect pour le maintien des priviléges et des interdictions de toute sorte apportées à leur commerce et à celui de la métropole , la persévérance de nos hommes d'état dans la négation des bienfaits d'une sage liberté commerciale , les conduit précisément à créer les maux dont ils se sont faits depuis long-temps une chimère.

La loi sur l'exportation des sucres a consommé la ruine des colonies, puisque les sucres coloniaux étant exclus de l'exportation, il faudra que la totalité soit consommée à l'intérieur.

Or , l'exportation étant annuellement de 20 à 25,000,000 de kilogrammes, auxquels il faut ajouter 8 à 9,000,000 de kilogrammes de bas produits des sucres étrangers raffinés exclusivement pour l'exportation , il en résulte que 34,000,000 de kilog. devront être absorbés de plus en 1834 qu'en 1832 ; mais ce supplément de consommation ne pouvant avoir lieu sans une forte baisse , et le droit étant resté le même ;

il faudra nécessairement qu'elle soit tout entière supportée par le colon sur la valeur vénale du sucre.

Je le demande à tout homme de bonne foi, les mesures dont on a réclamé l'adoption (1) dans l'intérêt d'une plus grande indépendance dans le commerce colonial, eussent-elles jamais eu un effet aussi désastreux, et nos manufactures de sucre de betterave ne seront-elles pas dans une position bien moins favorable, que si l'on eût adopté une réduction de 20 francs par 100 kilogrammes sur les droits des sucres coloniaux ? cela n'est pas douteux.

On était fondé à espérer que la Chambre des Pairs, appelée à discuter cette loi, aurait refusé de la sanctionner, et qu'entrant franchement dans la réforme des abus dont les colonies et le commerce de France ont à se plain-

---

(1) Lettre sur la question des primes à l'exportation des sucres, publiée par l'auteur quelques jours avant la présentation du projet de loi, 20 décembre 1832. Chez Renard, libraire.

dre, elle aurait reconnu que l'adoption d'un système plus libéral pouvait seule leur assurer les élémens de prospérité et de durée qui leur manquent.

Ces questions ont été si clairement et si logiquement étudiées et déduites dans les divers mémoires publiés depuis 1828, par nos différens ports de mer et par la commission d'enquête de Paris, il y a une telle unanimité dans leurs conclusions, qu'il ne pouvait rester de doute sur le mérite des mesures qui y sont proposées.

Ce serait donc de modifier graduellement et réciproquement le privilége dont jouissent les produits de nos colonies dans la métropole et ceux de la métropole dans les colonies, car, comme je l'ai déjà dit, il y aurait injustice criante à obliger nos colonies à payer leurs consommations à des prix exagérés, et à les priver de la faculté d'en prendre où elles les trouvent à meilleur marché, si la métropole avait elle-même le droit de s'approvisionner d'une portion des siennes à l'étranger.

Une des mesures qui contribueraient aussi

puissamment à accroître leur commerce et celui de la métropole, c'est la création des entrepôts, et la faculté d'y admettre toutes les
marchandises étrangères non prohibées.

L'Angleterre a depuis long-temps reconnu
et l'expérience a confirmé que l'adoption de
cette mesure a accru d'une manière très-sensible dans ses colonies le débouché de ses produits manufacturés, en créant pour elles un
commerce extérieur important; et de plus en les
mettant à même de jeter par le commerce inter-
lope, sur tous les marchés qui les avoisinent,
des masses de denrées considérables; elle y a
rappelé les capitaux qui de jour en jour ten-
daient à s'en éloigner.

Il est clair que nos colonies, par les mêmes
moyens, deviendraient elles-mêmes beaucoup
plus prospères, et que nos produits y trouve-
raient un débouché plus important, puisqu'elles
deviendraient autant de marchés qui les dis-
tribueraient dans des régions qui, ne pouvant
avoir avec elles, aujourd'hui, aucun commerce
régulier, les inondent par la contrebande de
produits étrangers, en échange desquels elles
ne peuvent donner que de l'argent.

On ne peut pas nier qu'alors nos rapports deviendraient mutuellement plus fructueux, puisqu'elles pourraient, d'une part, offrir à nos armateurs des marchandises que leurs navires vont souvent chercher aux lieux de production, faute de chargement chez elles ; et nous ne ferions plus avec elles une navigation aussi onéreuse, puisque nous pourrions adresser aux Antilles, par exemple, beaucoup de marchandises que les États-Unis nous achètent, soit pour le Mexique, soit pour la Colombie ou lieux environnans.

C'est à ces causes que l'Angleterre doit d'avoir expédié à ses colonies d'Amérique seulement, pour 170,080,280 fr. en 1829, quand toutes nos colonies nous demandent à peine 40 millions de marchandises par année.

La réduction des tarifs aurait l'avantage de réduire mutuellement les frais de production, et dans ce cas, quel mal peut-il résulter de la liberté commerciale que tout le monde demande ? Elle mettrait un terme à la répulsion qui ferme tous les marchés à nos produits coloniaux, répulsion avec laquelle il n'est pas d'accroissement possible (1).

Sous le régime actuel, les colonies souffrent, la métropole souffre ; il est urgent de faire cesser un tel état de choses, et si l'administration n'avise pas au moyen d'y mettre un terme par l'adoption franche des mesures généralement proposées, qui peut prédire le sort futur des colonies ?

----

(1) La douane de Londres vient d'arrêter, dans un envoi de 5 à 600 bouteilles de liqueurs de Paris, 16 *bouteilles*, parce qu'elles portaient pour suscription : *crême de café de la Martinique.*

CHAPITRE VI.

DES ENTREPÔTS A L'INTÉRIEUR ET DE L'ENTEPÔT DE PARIS.

Nous sommes, sans contredit, dans les circonstances les plus favorables qui se soient présentées pour faciliter l'adoption des mesures auxquelles on devra la conservation de nos colonies, et l'accroissement de toutes nos industries. Je veux parler de l'application de la loi sur le transit, et de l'établissement des entrepôts intérieurs : rien, en effet, ne se prête mieux à un système de liberté commerciale bien entendu, et rien ne peut mieux faciliter et augmenter la circulation des marchandises que la réduction des tarifs amènera infailliblement chez nous en plus grande quantité.

Je ne puis mieux exprimer tout l'intérêt attaché à cette résolution, qu'en citant ce qu'en dit, dans un ouvrage fort remarquable, monsieur David, attaché à l'administration des douanes, très-compétent en pareille matière, et au talent duquel on ne saurait trop rendre justice.

« L'entrepôt à établir à Paris, intéresse au
» plus haut degré, nos ports, notre marine,
» nos départemens de l'intérieur, nos manu-
» factures, nos colonies ; il touche de beau-
» coup plus près qu'on ne paraît le penser, à
» la politique extérieure. En un mot, nécessité
» de donner à l'entrepôt de Paris la plus grande
» extension, et d'en faire un marché d'appro-
» visionnemens pour la France et pour l'é-
» tranger ; voilà ce qu'il importe de proclamer,
» afin que le commerce de Paris ne se mé-
» prenne point sur l'importance de l'établis-
» sement qu'il a demandé. Si ces conséquences
» l'effraient, parce qu'elles sont étendues, il
» faut renoncer à l'entrepôt ; car ce n'est qu'à
» ce prix qu'il peut devenir utile. Si l'on borne
» son avenir; si resserré dans d'étroites limites,
» il ne peut s'étendre à toutes les classes de
» consommateurs ; s'il ne doit pas faciliter
» l'écoulement de tous nos produits, accroître
» l'aisance de nos départemens de l'intérieur,
» rétablir l'équilibre entre la production et la

» consommation, augmenter l'importance de
» notre marine, prévenir la ruine de nos co-
» lonies , ne parlons plus d'entrepôt ; car
» nous serons arrivés à un résultat indigne des
» longs débats qui l'ont précédé , et nous
» serons fort heureux si ce résultat ne cause
» pas autant de mal qu'il aurait pu produire
» de bien. »

En présence de l'avenir que M. David nous promet, et que j'espère, n'est-il pas fâcheux que la question de l'entrepôt de Paris ait été si long-temps mal comprise par les hommes qui précisément avaient mission de la résoudre? Et pourtant tout en réduisant la discussion à une affaire d'intérêt particulier, ou de localité, elle s'est terminée, du moins pour la moitié, comme des hommes désintéressés et au courant du mouvement commercial devaient l'espérer. Si le conseil municipal de Paris avait compris toute l'importance d'un pareil établissement, son mouvement et ses besoins, depuis un an, le Gros-Caillou aurait ses magasins pleins de marchandises, et le commerce de Paris aurait économisé quelques millions sur les affaires qu'il a traitées depuis cette époque.

Au lieu de trancher nettement cette question, des considérations étrangères ont fait admettre la création simultanée de deux entrepôts. Je ne conçois pas, en cela, d'autre motif que celui de satisfaire deux localités, et celle des Marais en particulier, car on en avait reconnu l'insuffisance, et il n'était plus possible de placer un entrepôt exclusif sur ce point.

Mais a-t-on bien réfléchi à la complication qui résultera de ces deux entrepôts, précisément dans les premières années où le commerce de Paris n'a pas encore les habitudes de la douane ? A quelles difficultés ne sera-t-il pas entraîné ?

Le système de warents, adopté par la chambre de commerce, pourra seul l'y soustraire en partie ; mais l'embarras des doubles expéditions ne pourra pas être évité, et il sera grave, car il faudra souvent, pour compléter une expédition, qu'un négociant fasse charger dans les deux entrepôts.

Quant aux receptions, manutentions, échantillonnages et classifications, ils seront beaucoup simplifiés ; la surveillance de la douane en sera facilitée, car elle n'aura vraiment plus qu'un simple contrôle à exercer, puisque les registres de la compagnie la dispenseront d'une grande complication d'écritures. Aussi l'on doit s'étonner qu'avant de connaître la nature et l'importance du mouvement des marchandises dans chaque entrepôt, la direction des douanes commence par demander aux entrepreneurs une somme de 108,000 francs, qui ne devraient être qu'à la charge du trésor.

En outre, l'administration et le mouvement intérieurs des entrepôts, confiés aux soins de compagnies responsables, auront l'avantage d'appeler les grands capitaux sur des opérations en marchandises, en les dégageant de tous les embarras de manutention, qui aujourd'hui les en éloignent, et les portent sur des spéculations faciles de fonds publics, qui, outre la démoralisation qu'elles jettent dans les affaires, n'ont pas, comme les opérations en marchandises, un gage toujours certain à offrir au capital.

Ce déplacement infaillible de capitaux, accroîtra sensiblement le mouvement commer-

cial de France , par les communications con-
tinuelles que l'entrepôt de Paris entretiendra
avec ceux des autres villes de l'intérieur, et
l'avantage immense pour les détenteurs de
marchandises, d'avoir toujours pour acheteurs,
soit la consommation intérieure , soit l'étranger, permettra de faire des opérations considérables, que dans la situation actuelle on ne
peut entamer sans imprudence.

Ce qui contribuera puissamment à dévelop-
per ce mouvement, ce sera l'adoption des mesures législatives qui ont pour objet la création
des grandes lignes de chemins de fer, et la
réduction des tarifs. Et si à ces causes d'un
grand accroissement vient se joindre la conclu-
sion de traités avec l'étranger, basés sur des
principes moins restrictifs, à quel degré de prospérité notre commerce et nos industries ne
seront-ils pas appelés à parvenir un jour?

FIN.

A .Moreau, imprimeur, rue Montmartre, n° 39.